westermann

BAUSTEINE

Sprachbuch/Spracharbeitsheft

Das kann ich!

Name

Klasse

4

Inhalt

Im All unterwegs

Alles Werbung?!

Natur erleben

Wie wir uns verändern

Durch das Jahr

1 Ergänze die passenden Aufforderungsformen.

__________________ bitte die Tür! (schließen)

__________________ Sie die Öffnungszeiten. (beachten)

__________________ mir mal den Ball. (geben)

Tim und Lea, __________________ Rücksicht! (nehmen)

2 Bilde Aufforderungssätze.
Verwende die richtige Aufforderungsform.

zeigen – dein – Bild – mir

____

Hinweise – Sie – wichtige – beachten

____

mehrere – verwenden – deiner Farben

____

beschreiben – Traumhäuser – eure – noch genauer

____

nächstes Spiel – viel – für euer – trainieren

____

 Rückmeldung: ______________________________

1 Bilde die Mehrzahl zu diesen Nomen.

das Ruder – ____________ die Bank – ____________

die Fee – ____________ der Markt – ____________

die Tür – ____________ der Garten – ____________

2 Bilde jeweils zwei Nomen mit den Wortbausteinen.

-nis: ____________

-tum: ____________

-schaft: ____________

3 Welche Wörter sind Nomen? Unterstreiche sie.
Schreibe sie verbessert auf.

klug	hindernis	bunt	angst	pflanze	machst
bewundern	gefühl	zorn	listig	schönheit	rund
mannschaft	schlau	eigentum	mutig	ehrlich	

____

____

____

☺ 😐

Rückmeldung: ____________

1 Ordne die Korrekturzeichen richtig zu. Verbinde.

R	Zeitfehler
T	Zeichenfehler
SF	anderer Fehler
Z	Sprachfehler
X	Rechtschreibfehler

2 Was bedeuten die Korrekturzeichen? Streiche das Fehlerwort durch. Schreibe die Verbesserung darüber.

Fantastic Fabian hat ein tolle superkraft, denn SF R

er kann Metall mit seinen Bliken verbiegen R Z

Gestern rettet er einen Kleinen Hund. Der Hund T R

war von ein bösen Menschen gestolen und SF R

in einen Käfig gesperrt worden.

 Rückmeldung: ____________

1 Ergänze die fehlenden Satzzeichen.

Hannah fragt Fantastic Fabian Seit wann hast du deine Superkraft? Ich habe sie, seitdem ich einen Film über Superhelden gesehen habe antwortet Fabian. Nicht dein Ernst! ruft Hannah überrascht. Fabian rät ihr Schau doch auch mal einen Superheldenfilm an!

2 Schreibe den Satz einmal mit einem vorangestellten und einmal mit einem nachgestellten Begleitsatz auf.

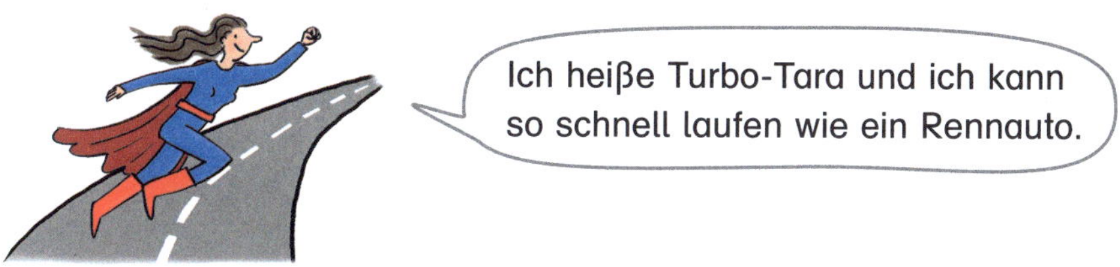

Rückmeldung:

1 Markiere alle Verben, die zum Wortfeld machen gehören.

bearbeiten kosten enthalten durchführen erledigen
herstellen ausführen bekommen frieren bedeuten

2 Verändere den Text durch passende Adjektive so, dass er abwechslungsreicher klingt.

Der schlaue, freche Robsi

Robsi ist sehr schlau.

___

Sein Erfinder, Max Mose, ist auch sehr schlau.

___

Es ist nicht einfach, einen schlauen Roboter auf Trapp zu halten.

___

___

Wenn Robsi sich langweilt, wird er frech.

___

Er sagt freche Dinge oder plant freche Streiche.

___

 Rückmeldung: ___

1 Schreibe ein verlängertes Wort auf.
Markiere dann den richtigen Buchstaben.

kräfti$^{g}_{k}$: ______________________________

Urlau$^{b}_{p}$splanung: ______________________________

brei$^{d}_{t}$: ______________________________

er schrie$^{b}_{p}$: ______________________________

Flu$^{g}_{k}$hafen: ______________________________

sie la$^{g}_{k}$: ______________________________

2 Streiche in jedem Satz das falsch geschriebene Wort durch.
Schreibe das Wort mit seiner Verlängerung richtig auf.

____

Die Wantfarbe passt sehr gut zu der neuen Küche.

____

Ist der Film spannend oder eher langweillik?

____

Du bist tapferer als du glaupst und klüger als du denkst!

Zweiteilige Prädikate kennen

1 Wie sind die zweiteiligen Prädikate entstanden? Ordne zu. Markiere in der passenden Farbe.

Zweiteilige Prädikate entstehen bei:
- der Verwendung einer zusammengesetzten Zeitform.
- der Verwendung von Verben mit einem trennbaren Wortbaustein.
- der Verwendung von Hilfsverben (wollen, können, dürfen, sollen, müssen).

In den Ferien werde ich meine Großeltern besuchen.

Die Freunde wollen heute ins Kino gehen.

Diese Geschichte schreibe ich auf.

2 Markiere in jedem Satz das zweiteilige Prädikat.

Am Morgen reitet Mats mit seinem Pferd aus.

Dann baut er mit seinen Eltern den neuen Schreibtisch auf.

Mats durfte ihn allein aussuchen.

Das Möbelhaus hat das Paket gestern geliefert.

 Rückmeldung: ____

1 Schreibe zu jedem Wortstamm zwei Wörter der passenden Wortfamilie. Markiere immer den **doppelten Konsonanten** und den **kurzen Selbstlaut** davor.

FALL: ______________________________

SCHWIMM: ______________________________

BRENN: ______________________________

2 Schreibe das passende Verb in der Grundform auf.

Der Fisch schwamm. ____________________

Die Kerze brannte. ____________________

Das Blatt fiel. ____________________

Quiesel gewann. ____________________

3 Schreibe passende Wörter in die Tabelle.

kurzer Selbstlaut + doppelter Mitlaut	langer Selbstlaut + einfacher Mitlaut

Rückmeldung: ______________________________

1 Erfrage die Wen-oder-was-Ergänzung in den Sätzen. Markiere sie.

Ulf | trifft | seinen Vater Knut | im Langhaus.

Dort | legen | sie | Stoffe | in eine Truhe.

Dann | bringen | sie | die Truhe | ins Boot.

2 Erfrage die Wem-Ergänzung in den Sätzen. Markiere sie.

Vestar | folgt | dem Elch | in den Wald.

Abends | zeigt | er | Ake | das Geweih.

Er | erzählt | seinem Freund | von der Jagd.

3 Trenne die Satzglieder mit Strichen ab. Markiere das Akkusativ-Objekt und das Dativ-Objekt in den Sätzen.

Knut schenkt seiner Mutter einen Topf.

Der Schmied hat ihm den Topf verkauft.

Die Mutter zeigt ihrem Mann das Geschenk.

 Rückmeldung: ____________________

1 Schreibe ein verwandtes Wort mit **a** oder **au** auf.

Rätsel ____________ läuten ____________

Kräuter ____________ täuschen ____________

2 Was ist richtig: ä oder e, äu oder eu?
Schreibe die Wörter richtig auf.

fäu/eucht	häu/eufig	hä/ell
Lä/enge	Plä/etze	träu/eumen

____

____

3 Streiche die falschen Buchstaben durch.

Auf den Mä/erkten trä/effen sich viele Mä/enschen.
Die Verkäu/eufer haben ihre Waren auf Bä/enken
ausgelegt. Ihre Hä/ende sind rot vor Kä/elte.
Sie fräu/euen sich auf die Wä/erme am Fäu/euer.

Rückmeldung: ____

Ortsergänzungen und Zeitergänzungen kennen

1 Schreibe die passende Frage zu der markierten Ortsergänzung auf.

Sirius | macht | auf dem Mond Naxus | Urlaub.

____

Ein fremdes Raumschiff | kam | aus dem Nebel.

____

Marina | flog | in die neunte Galaxie.

____

2 Markiere die Zeitergänzungen in den Sätzen.

Ich werde morgen einen neuen Planeten besuchen.

Wir haben dreimal auf dem Flug getankt.

Vier Monate ist sie in der Station auf dem Mars geblieben.

Er wohnt seit November ganz allein auf dieser Seite des Mondes.

1 Setze **s** oder **ß** ein.
Schreibe die Wörter geordnet auf.

vorle__en   flie__en   grü__en   Ha__e   au__en

bewei__en   Ra__en   flei__ig

s: ____

ß: ____

2 Schreibe die Wörter mit einer Verlängerung auf.
Setze **s** oder **ß** ein.

lie__t ____________________	ra__t ____________________
bei__t ____________________	sü__ ____________________
lö__t ____________________	Gra__ ____________________

3 Setze **s** oder **ß** ein.

Auch auf dem Planet Solarum wächst Moo__.

Hier und dort sprie__t auch eine Blume.

Ein kleiner Alien nie__t heftig.

Er hat wohl zu lange am Strau__ gerochen.

Rückmeldung: ____

Zusammengesetzte Wörter bilden und erkennen

1 Bilde aus den Vergleichen zusammengesetzte Adjektive.

weiß wie Schnee = ____________________

trocken wie Staub = ____________________

hart wie ein Stein = ____________________

müde wie ein Hund = ____________________

schnell wie ein Blitz = ____________________

gelb wie eine Zitrone = ____________________

2 Markiere alle zusammengesetzten Nomen und Adjektive.

Zurzeit arbeiten Lisa und ich an einer nagelneuen App.
Mit der bärenstarken App ist es möglich,
Märchenfiguren sprechen zu lassen.
Bisher funktionierte es einwandfrei. Doch als das bettelarme Aschenputtel vor dem rabenschwarzen Backofen fegen sollte, stieß sie den zitronengelben Putzeimer um. Daraufhin landete der bildhübsche Prinz auf dem klitschnassen Boden und war stocksauer!
Wir werden den Algorithmus überarbeiten.

Rückmeldung: ____________________

1 Schreibe zu jedem Bild das Wort.
Markiere die Silbengrenze.

 ______________________

 ______________________

 ______________________

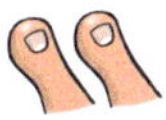 ______________________

2 Schreibe zu jedem Wortstamm zwei Wörter auf.

DREH: ______________________

GEH: ______________________

NÄH: ______________________

FRÜH: ______________________

3 Bilde die Grundform zu diesen Wörtern.

sie sieht: ______________

er zieht: ______________

sie sprüht: ______________

er kräht: ______________

sie ruht: ______________

er steht: ______________

1 Frage immer nach dem markierten Nomen.
Welche Fragewörter passen?

Wer oder was? Wessen? Wem? Wen oder was?

Der Junge steigt in den Bach. ____________________

Der Blick **des Jungen** ist ängstlich. ____________________

Der Junge schaut auf seine Füße. ____________________

Eine Welle erreicht **den Jungen**. ____________________

Ole reicht **dem Jungen** die Hand. ____________________

2 Setze das Nomen **Ente** mit Artikel in den verschiedenen Fällen ein.

(Wer?) ____________________ schwimmt auf dem Wasser.

(Wessen?) Das Gefieder ____________________ wird nicht nass.

(Wen?) Ich locke ____________________ ans Ufer.

(Wem?) Ich gebe ____________________ trockenes Brot.

 Rückmeldung: ____________________

1 Schreibe die Wörter zu der passenden Trennungsregel.

Wasser See lachen über Stiefel zucken Frösche

a) Trenne Wörter vor ch, ck und sch:

____

b) Trenne nach Silben: ______________________________

c) Trenne nicht: Wörter mit einer Silbe: ______________________________

d) Trenne nicht nach Selbstlauten am Wortanfang:

____

2 Schreibe die Sätze ab.
Wende die Trennungsregeln bei jedem Wort an.

Alle Kinder treffen sich oben am Waldsee.

____

____

Benjamin nimmt seine Becherlupe in die Hand.

____

____

Rückmeldung: ______________________________

1 Verbinde die Sätze mit der passenden Zeitform.

Ich freue mich sehr.	Präteritum
In den Ferien werde ich mal so richtig ausspannen.	Präsens
Das habe ich schon lange nicht mehr gemacht.	Futur
Wir mussten letztes Jahr viele Tests schreiben.	Perfekt

2 Setze die angegebenen Zeitformen ein.

Letztes Jahr ________________ wir in den Ferien auf Borkum.

sein/Präteritum

Man ________________ mit einer Fähre auf die Insel.

fahren/Präsens

Das ________________ letztes Mal viel Spaß ________________.

machen/Perfekt

Ich ________________ bald wieder ans Meer ________________.

fahren/Futur

 Rückmeldung: ________________

1 Schreibe die Wörter geordnet auf.

Vollmond	Vampir	Vieh	Vater
Villa	Vorrat	Violine	Vulkan

v klingt wie f: ______________________

v klingt wie w: ______________________

2 Schreibe fünf Wörter auf, die mit Vor/vor anfangen.

____

____

3 Schreibe fünf Wörter auf, die mit Ver/ver anfangen.

____

____

4 Schreibe zwei Sätze mit den Wörtern vor und von.

____

____

____

____

Rückmeldung: ______________________

1 Wie heißen die Zeitformen des Verbs?
Trage in die Tabelle ein.

Grund-form				
gehen	ich gehe	du gingst	er ist gegangen	wir werden gehen

2 Unterstreiche in dem Satz die Wortarten:
Nomen, Verb, Adjektiv, Pronomen, Artikel.

Wir kaufen ein neues Auto.

3 Welche Wörter bezeichnen Satzglieder? Markiere.

Nomen | Subjekt | Wortbaustein | Futur | Verb

Prädikat | Wortfamilie | Dativobjekt | Fragesatz

Akkusativobjekt | Vergangenheit | Ergänzung der Zeit

4 Was ist in den Wörtern markiert? Schreibe den Begriff auf.

Gehweg geht untergehen ______________________

 Rückmeldung: ______________________

Erarbeitet von
Björn Bauch (Kirchzarten), Ulrike Dirzus (Iserlohn), Gabriele Hinze (Metelen), Alexandra Isack (Frankfurt), Kerstin Riesberg (Wallenhorst) und Romina Stevens (Bramsche)

Abbildungsnachweis
|Baus, Lars, Münster: Titel, 10.1, 17.9. |Dähne, Thomas, Aurich: 21.1. |Glökler, Angela (Atelier echtgelb), Hamburg: Titel. |Hardt, Iris, Münster: 4.1. |Holland, Carola, Wien: 4.2, 7.1, 11.1, 12.1, 13.1, 15.1, 17.1, 17.2, 17.3, 17.4, 17.5, 17.6, 17.7, 17.8, 18.1. |Voets, Inge, Berlin: 7.2, 8.1, 14.1, 17.10.

Druck A³ / Jahr 2024
Alle Drucke der Serie A sind im Unterricht parallel verwendbar.

Redaktion: Rifka Behrendt, Eric Fischer
Umschlaggestaltung: Visuelle Lebensfreude, Hannover
mit Illustrationen von Lars Baus und Angela Glökler (Quiesel)
Layout: Godewind, Hamburg
Satz und technische Umsetzung: Satzteam Bleifrei, Hildesheim
Druck und Bindung: Westermann Druck GmbH, Georg-Westermann-Allee 66, 38104 Braunschweig

ISBN 978-3-14-**137307**-3

ISBN 978-3-14-**137307**-3

9 783141 373073

www.westermann.de